따라쓰는
우선순위
초등
영단어

다락원 어린이 콘텐츠팀 지음

DARAKWON

이 책은 이렇게 쓰세요!

*QR 코드를 찍고 원어민 선생님의 발음을 확인하세요.

- ● 표시가 있는 단어는 가장 강하게 들리는 곳을 주의해서 들어 보세요.
- 소리 내어 단어를 읽으면서 따라 써 보세요.

DAY01.mp3

공부한 날
월   일

animal°
[애니멀] 동물

animal animal

cat
[캣] 고양이

cat cat

rabbit°
[래빗] 토끼

rabbit rabbit

dog
[도그] 개

dog dog

lion°
[라이언] 사자

lion lion

tiger°
[타이걸] 호랑이

tiger tiger

pig
[픽] 돼지

pig pig

cow
[카우] 소, 젖소

cow cow

● 빈칸을 채워 그림에 해당하는 영어 단어를 완성하세요.

① l _ _ n   ② d _ g   ③ c _ _ _   ④ _ _ _ at

⑤ p _ g   ⑥ _ _ ger   ⑦ rab _ _ t   ⑧ a _ _ i _ al

6

7

● **단어 체크 & 소리 듣기**

그날 배울 영어 단어의 철자와 뜻을 눈으로 먼저 확인하세요. 단어 소리도 한글로 쓰여 있어서 어떻게 읽어야 하는지 쉽게 알 수 있어요. 끝에 ●이 찍혀 있는 단어는 2음절 이상의 단어로, 가장 강하게 읽어야 할 소리 부분의 우리말 글자가 진한 색으로 크게 표시되어 있습니다. 원어민 선생님의 음성을 들으면서 큰소리로 따라 말해 보세요. 영어 단어는 세 번 들려드립니다.

● **단어 따라쓰기**

4줄에 영어 단어를 예쁘게 따라써 보세요. 단어를 쓸 때 알파벳을 한 글자씩 소리 내면서 쓴 다음 단어를 통으로 읽어 보세요. 그런 식으로 익히면 단어가 더 잘 외워져요!

● **퀴즈 풀기**

단어를 다 따라썼다면 아래에 있는 퀴즈도 풀어 보세요. 빈칸 채워 단어 완성하기, 단어 철자 알맞게 배열하기, 그림과 단어 연결하기 등 여러 재미있는 퀴즈가 나와요.

tiger°
[타이걸] 호랑이

*단어 소리는 최대한 실제 발음에 가깝게 한글로 쓰여 있어요. 하지만 영어에는 한국어에 없는 소리도 있습니다. 우리말 발음을 참고하여 원어민 선생님의 음성을 여러 번 들으면서 실제 발음을 익히세요.

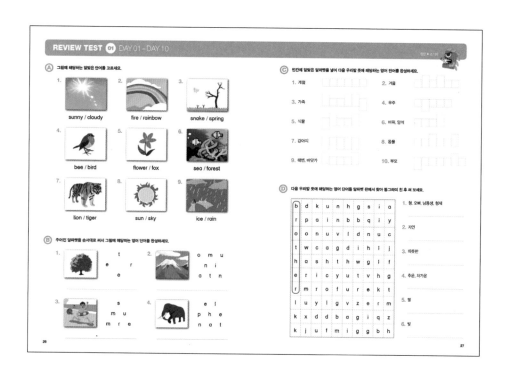

● REVIEW TEST

열흘마다 복습하는 시간을 가져요. 그림 보고 알맞은 단어 고르기, 단어 철자 알맞게 배열하기, 우리말 뜻 보고 영어 단어 쓰기, 알파벳 판에서 알맞은 영어 단어 찾기 문제를 풀면서 내 영어 단어 실력을 확인해 보세요.

● 알파벳 쓰기 순서 & 나의 공부 진행표

가장 먼저 〈알파벳 쓰기 순서〉를 보며 알파벳 쓰는 순서를 익혀요. 하루의 공부를 끝낸 다음에는 〈나의 공부 진행표〉에 공부한 날의 사과를 하루하루 색칠해서 사과 나무를 완성해 보세요.

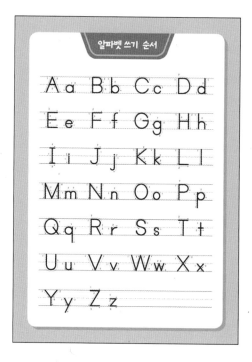

알파벳 쓰기 순서

나의 공부 진행표

이 주제의 단어가 나와요!

DAY 01 ANIMALS 1

animal°
[애니멀] 동물

animal animal

cat
[캣] 고양이

cat cat

rabbit°
[래빗] 토끼

rabbit rabbit

dog
[도:그] 개

dog dog

● 빈칸을 채워 그림에 해당하는 영어 단어를 완성하세요.

①	②	③	④
		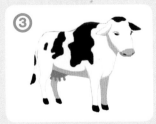	
l __ __ n	d __ g	c __ __ __	__ __ at

DAY 01.mp3

– ● 표시가 있는 단어는 가장 강하게 들리는 곳을 주의해서 들어 보세요.
– 소리 내어 단어를 읽으면서 따라 써 보세요.

공부한 날

월   일

lion°
[라이언] 사자

lion lion

tiger°
[타이걸] 호랑이

tiger tiger

pig
[픽] 돼지

pig pig

cow
[카우] 소, 젖소

cow cow

⑤

⑥

⑦

⑧

p __ g   ___ ger   rab ___ t   a _ i _ al

7

DAY 02 ANIMALS 2

bear
[베얼] 곰

bear bear

monkey
[멍키] 원숭이

monkey monkey

mouse
[마우스] 쥐

mouse mouse

puppy
[퍼피] 강아지

puppy puppy

● a와 b 중 그림에 해당하는 알맞은 단어를 고르세요.

① a. puppy
b. monkey

② a. elephant
b. horse

③ a. giraffe
b. fox

④ a. mouse
b. bear

DAY 02.mp3

– ● 표시가 있는 단어는 가장 강하게 들리는 곳을 주의해서 들어 보세요.
– 소리 내어 단어를 읽으면서 따라 써 보세요.

공부한 날

월   일

elephant°
[엘러펀트] 코끼리

elephant   elephant

horse
[호:올스] 말

horse   horse

giraffe°
[저랲] 기린

giraffe   giraffe

fox
[팍스] 여우

fox   fox

---

⑤
a. giraffe
b. elephant

⑥
a. puppy
b. monkey

⑦
a. bear
b. horse

⑧
a. fox
b. mouse

DAY 03 ANIMALS 3

bird
[버:얼드] 새

bird bird

duck
[덕] 오리

duck duck

snake
[스네익] 뱀

snake snake

frog
[프롸:그] 개구리

frog frog

● 빈칸을 채워 그림에 해당하는 영어 단어를 완성하세요.

①

②

③

④

du ___ ___

___ nt

b ___ d

b ___ g

– ● 표시가 있는 단어는 가장 강하게 들리는 곳을 주의해서 들어 보세요.
– 소리 내어 단어를 읽으면서 따라 써 보세요.

bug
[벅] 벌레, 곤충

bug bug

ant
[앤트] 개미

ant ant

bee
[비:] 벌

bee bee

spider°
[스파이덜] 거미

spider spider

⑤

b＿＿＿＿

⑥

sp＿＿d＿r

⑦

s＿＿a＿e

⑧

＿＿r＿g

DAY 04 SEASONS/WEATHER

season
[씨:즌] 계절

season season

spring
[스프링] 봄

spring spring

summer
[써멀] 여름

summer summer

fall
[포:올] 가을

fall fall

● 빈칸을 채워 그림에 해당하는 영어 단어를 완성하세요.

① s __ __ son   ② f __ __ l   ③ su __ __ er   ④ __ __ nter

DAY 04.mp3

– ● 표시가 있는 단어는 가장 강하게 들리는 곳을 주의해서 들어 보세요.
– 소리 내어 단어를 읽으면서 따라 써 보세요.

공부한 날
　　월　　일

winter°
[윈털] 겨울

winter winter

warm
[워·얼엄] 따뜻한

warm warm

hot
[핫] 더운, 뜨거운
'매운'이라는 뜻도 있어요.

hot hot

cold
[코울드] 추운, 차가운

cold cold

⑤ 　　⑥ 　　⑦ 　　⑧

__ o __ d　　sp __ in __　　__ a __ m　　h __ t

DAY 05 WEATHER

weather°
[웨더] 날씨

weather weather

cool
[쿠:울] 선선한, 시원한
'멋진'이라는 뜻도 있어요.

cool cool

clear
[클리얼] 맑은, 청명한

clear clear

rain
[뤠인] 비가 오다/비

rain rain

● 빈칸을 채워 그림에 해당하는 영어 단어를 완성하세요.

su___y

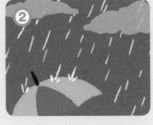
r__n

c___l

cl__dy

DAY 05.mp3

– ● 표시가 있는 단어는 가장 강하게 들리는 곳을 주의해서 들어 보세요.
– 소리 내어 단어를 읽으면서 따라 써 보세요.

공부한 날

월 일

sunny ●
[써니] 화창한

sunny sunny

snow
[스노우] 눈이 내리다/눈

snow snow

cloudy ●
[클라우디] 흐린, 구름 낀

cloudy cloudy

windy ●
[윈디] 바람 부는

windy windy

⑤

win _____

⑥

cl _____ r

⑦

sn __ w

⑧

w __ a _____ er

15

DAY 06 NATURE 1

nature
[네이철] 자연

nature nature

wind
[윈드] 바람

wind wind

cloud
[클라운] 구름

cloud cloud

fog
[포:그] 안개

fog fog

nature nature

● 빈칸을 채워 그림에 해당하는 영어 단어를 완성하세요.

①

②

③

④

c __ ou __   __ a __ __ __ re   __ __ re   a __ r

– ● 표시가 있는 단어는 가장 강하게 들리는 곳을 주의해서 들어 보세요.
– 소리 내어 단어를 읽으면서 따라 써 보세요.

air
[에얼] 공기

air air

rainbow●
[뤠인보우] 무지개

rainbow rainbow

fire
[파이얼] 불

fire fire

ice
[아이스] 얼음

ice ice

⑤ f___g

⑥ i_____

⑦ _____nd

⑧ r___inb_____

DAY 07 NATURE 2

light
[라잍] 빛

light light

sound
[싸운드] 소리
동사로는 '들리다'라는
뜻이 있어요.

sound sound

sky
[스카이] 하늘

sky sky

sun
[썬] 해, 태양

sun sun

● 빈칸을 채워 그림에 해당하는 영어 단어를 완성하세요.

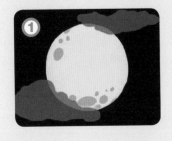   

① m＿＿n   ② sk＿＿   ③ s＿＿r   ④ ＿＿und

– ● 표시가 있는 단어는 가장 강하게 들리는 곳을 주의해서 들어 보세요.
– 소리 내어 단어를 읽으면서 따라 써 보세요.

moon
[무:운] 달, 위성

moon moon

star
[스탈] 별, 별 모양

star star

Earth
[어:얼쓰] 지구
보통 소문자 e로 쓴 earth는
'흙', '땅'이라는 뜻을 나타내요.

Earth Earth

space
[스페이스] 우주

space space

li __ __ t

s __ n

sp __ __ e

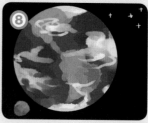
__ __ r __ h

DAY 08 NATURE 3

land
[랜드] 땅

land land

sea
[씨:] 바다

sea sea

river°
[뤼벌] 강

river river

lake
[레익] 호수

lake lake

● a와 b 중 그림에 해당하는 알맞은 단어를 고르세요.

a. sea
b. land

a. beach
b. hill

a. hill
b. lake

a. river
b. mountain

DAY 08.mp3

- ● 표시가 있는 단어는 가장 강하게 들리는 곳을 주의해서 들어 보세요.
- 소리 내어 단어를 읽으면서 따라 써 보세요.

공부한 날
월 일

mountain °
[마운튼] 산

mountain mountain

hill
[힐] 언덕

hill hill

beach
[비:취] 해변, 바닷가

beach beach

forest °
[포:뤼슽] 숲

forest forest

⑤
a. forest
b. lake

⑥
a. beach
b. hill

⑦
a. mountain
b. river

⑧
a. land
b. forest

DAY 09 NATURE 4

rock
[롹] 바위, 암석

rock rock

sand
[쌘드] 모래

sand sand

stone
[스토운] 돌, 돌멩이

stone stone

plant
[플랜트] 식물

plant plant

● 빈칸을 채워 그림에 해당하는 영어 단어를 완성하세요.

①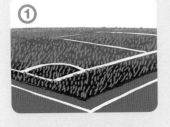
②
③
④

g __ a __ s　　　　__ an __　　　　l __ __ f　　　st __ __ __ __

– ● 표시가 있는 단어는 가장 강하게 들리는 곳을 주의해서 들어 보세요.
– 소리 내어 단어를 읽으면서 따라 써 보세요.

flower●
[플라월] 꽃

flower flower

tree
[트뤼:] 나무

tree tree

leaf
[리:프] 나뭇잎
'여러 장의 나뭇잎'은
leaves라고 써요.

leaf leaf

grass
[그래스] 풀, 잔디

grass grass

⑤

tr ___

⑥

ro ___

⑦

___ l ___ er

⑧

pl __ n __

DAY 10 FAMILY 1

family
[패밀리] 가족

family family

daughter
[도:털] 딸

daughter daughter

son
[썬] 아들

son son

brother
[브롸덜] 형, 오빠,
남동생, 형제

brother brother

● 빈칸을 채워 그림에 해당하는 영어 단어를 완성하세요.

①	②	③	④

bro ___ ___ er	___ ___ fe	___ mil ___	s ___ n

sister°

[씨스털] 누나, 언니, 여동생, 자매

sister sister

wife

[와잎] 아내

wife wife

husband°

[허스번드] 남편

husband husband

parents°

[페어륀츠] 부모

'부모 중 한 명'을 가리킬 때는 parent라고 해요.

parents parents

⑤

s ___ ___ ter

⑥

p ___ en s

⑦

da ___ ___ ter

⑧

___ ___ sb ___ nd

Ⓐ 그림에 해당하는 알맞은 단어를 고르세요.

1.

sunny / cloudy

2.

fire / rainbow

3.

snake / spring

4.

bee / bird

5.

flower / fox

6.

sea / forest

7.

lion / tiger

8.

sun / sky

9.

ice / rain

Ⓑ 주어진 알파벳을 순서대로 써서 그림에 해당하는 영어 단어를 완성하세요.

1.

t
e r
e

2.

o m u
n i
a t n

3.

s
m u
m r e

4.

e l
p h e
n a t

ⓒ 빈칸에 알맞은 알파벳을 넣어 다음 우리말 뜻에 해당하는 영어 단어를 완성하세요.

1. 계절

2. 겨울

3. 가족

4. 우주

5. 식물

6. 바위, 암석

7. 강아지

8. 동물

9. 해변, 바닷가

10. 부모

ⓓ 다음 우리말 뜻에 해당하는 영어 단어를 알파벳 판에서 찾아 동그라미 친 후 써 보세요.

b	d	k	u	n	h	g	s	i	a
r	p	a	i	n	b	b	q	i	y
o	o	n	u	v	l	d	n	u	c
t	w	c	a	g	d	i	h	l	j
h	a	s	h	t	h	w	g	l	f
e	r	i	c	y	u	t	v	h	g
r	m	r	o	f	u	r	e	k	t
l	u	y	l	g	v	z	e	r	m
k	x	d	d	b	a	g	i	q	z
k	j	u	f	m	i	g	g	b	h

1. 형, 오빠, 남동생, 형제

_____

2. 자연

_____

3. 따뜻한

_____

4. 추운, 차가운

_____

5. 딸

_____

6. 빛

_____

DAY 11 FAMILY 2

mother
[머덜] 어머니
mom(엄마)도 알아 두세요.

mother mother

father
[파덜] 아버지
dad(아빠)도 알아 두세요.

father father

baby
[베이비] 아기

baby baby

grandmother
[그랜드머덜] 할머니

grandmother grandmother

● 주어진 알파벳을 순서대로 써서 우리말 뜻에 해당하는 영어 단어를 완성하세요.

① 할머니
r n o h
g m
a d r t e

② 아버지
e a h
f r
t

③ 사촌
u s
c o n
i

④ 아기
b
a y
b

– ● 표시가 있는 단어는 가장 강하게 들리는 곳을 주의해서 들어 보세요.

– 소리 내어 단어를 읽으면서 따라 써 보세요.

공부한 날

월 일

grandfather °
[그랜드파덜] 할아버지

grandfather grandfather

uncle °
[엉클] 삼촌, 큰아버지,
이모부, 고모부

uncle uncle

aunt
[앤트] 이모, 고모

aunt aunt

cousin °
[커즌] 사촌

cousin cousin

---

⑤ 이모, 고모

a
n
u   t

⑥ 어머니

e   h
m
o   t   r

⑦ 삼촌, 이모부, 고모부

u
c
e   n
l

⑧ 할아버지

n   a   r
g   f   a   e
r   d   h
t

DAY 12 PEOPLE

boy
[보이] 소년

boy boy

girl
[걸] 소녀

girl girl

man
[맨] 남자
일반적인 '사람'을 말할 때도
man을 써요.

man man

woman
[워먼] 여자

woman woman

● 주어진 알파벳을 순서대로 써서 우리말 뜻에 해당하는 영어 단어를 완성하세요.

DAY 12.mp3

– ● 표시가 있는 단어는 가장 강하게 들리는 곳을 주의해서 들어 보세요.
– 소리 내어 단어를 읽으면서 따라 써 보세요.

공부한 날

월   일

child
[촤일드] 아이
아이 '한 명'을 가리킬 때 써요.

child child

children°
[췰드런] 아이들

children children

people°
[피:플] 사람들

people people

friend
[프뤤드] 친구

friend friend

⑤ 소년

b y

o

⑥ 여자

o
a
w m n

⑦ 아이들

c i r l
d n
h e

⑧ 사람들

o e
p p l
e

DAY **13** JOBS

nurse
[너:얼스] 간호사

nurse nurse

doctor°
[닥털] 의사

doctor doctor

farmer°
[파:알멀] 농부

farmer farmer

police°
[펄리:스] 경찰

police police

nurse nurse

● 그림에 해당하는 단어를 찾아 선으로 알맞게 연결하세요.

①

②

③

④

pilot

nurse

scientist

dentist

DAY13.mp3

− ● 표시가 있는 단어는 가장 강하게 들리는 곳을 주의해서 들어 보세요.
− 소리 내어 단어를 읽으면서 따라 써 보세요.

공부한 날
월   일

scientist°
[싸이언티슽] 과학자

scientist scientist

dentist°
[덴티슽] 치과의사

dentist dentist

pilot°
[파일렅] (비행기) 조종사,
파일럿

pilot pilot

singer°
[싱얼] 가수

singer singer

⑤

farmer

⑥

doctor

⑦

police

⑧

singer

DAY 14 SCHOOL 1

school
[스쿠:울] 학교

school school

classroom*
[클래스루:움] 교실

classroom classroom

class
[클래스] 수업, 반

class class

math
[매쓰] 수학

math math

● 주어진 단어의 영어 철자가 맞으면 상자 안에 O, 틀리면 X를 치고 올바르게 고치세요.

① 미술	② 역사	③ 교실	④ 과학
art	hestory	classroom	sciense
☐	☐	☐	☐

DAY14.mp3

– ● 표시가 있는 단어는 가장 강하게 들리는 곳을 주의해서 들어 보세요.
– 소리 내어 단어를 읽으면서 따라 써 보세요.

공부한 날

월   일

science°
[싸이언스] 과학

science science

music°
[뮤·직] 음악

music music

art
[아:알트] 미술

art art

history°
[히스터뤼] 역사

history history

⑤ 수학	⑥ 학교	⑦ 음악	⑧ 수업, 반
math	schoul	muzic	class
☐	☐	☐	☐

DAY 15 SCHOOL 2

teacher
[티:철] 선생님

teacher teacher

student
[스투:든트] 학생

student student

textbook
[텍슽북] 교과서

textbook textbook

notebook
[노웉북] 공책

notebook notebook

● 그림에 해당하는 단어를 찾아 선으로 알맞게 연결하세요.

①

②

③

④

•

•

•

•

•

•

•

•

picnic

textbook

teacher

chair

DAY15.mp3

– ● 표시가 있는 단어는 가장 강하게 들리는 곳을 주의해서 들어 보세요.
– 소리 내어 단어를 읽으면서 따라 써 보세요.

공부한 날
월   일

test
[테슽] 시험

test test

desk
[데슼] 책상

desk desk

chair
[췌얼] 의자

chair chair

picnic°
[픽닉] 소풍

picnic picnic

⑤

⑥

⑦

⑧

notebook   desk   student   test

DAY ⑯ STATIONERY

pencil°
[펜쓸] 연필

pencil pencil

eraser°
[이뤠이썰] 지우개

eraser eraser

scissors°
[씨절즈] 가위

scissors scissors

glue
[글루:] 풀

glue glue

● 빈칸을 채워 그림에 해당하는 영어 단어를 완성하세요.

①	②	③	④

r＿＿＿er	pen＿＿l	gl＿＿＿	pap＿＿＿

DAY16.mp3

– ● 표시가 있는 단어는 가장 강하게 들리는 곳을 주의해서 들어 보세요.
– 소리 내어 단어를 읽으면서 따라 써 보세요.

공부한 날

월   일

ruler●
[루ː울럴] **자**

ruler ruler

crayon●
[크뤠이안] **크레용**

crayon crayon

tape
[테잎] **접착 테이프**
'녹화용 테이프'나 '끈'도
tape예요.

tape tape

paper●
[페이펄] **종이**

paper paper

⑤

⑥

⑦

⑧

___ ra ___ n   ___ r ___ er   ___ iss ___ rs   t ___ p ___

DAY 17 HOUSE 1

house
[하우스] 집

house house

room
[루:움] 방

room room

bedroom*
[벧루:움] 침실

bedroom bedroom

kitchen*
[키츤] 부엌

kitchen kitchen

● 주어진 단어의 영어 철자가 맞으면 상자 안에 O, 틀리면 X를 치고 올바르게 고치세요.

① 방	② 집	③ 욕실	④ 정원, 뜰
room	house	batsroom	gardun

40

– ● 표시가 있는 단어는 가장 강하게 들리는 곳을 주의해서 들어 보세요.

– 소리 내어 단어를 읽으면서 따라 써 보세요.

bathroom ●
[배쓰루:움] 욕실

bathroom bathroom

living room ●
[리빙루:움] 거실

living room living room

garden ●
[가:알든] 정원, 뜰

garden garden

roof
[루:프] 지붕

roof roof

⑤ 거실	⑥ 지붕	⑦ 부엌	⑧ 침실
living room	loof	kichen	bedroom
☐ _____	☐ _____	☐ _____	☐ _____

DAY 18 HOUSE 2

door
[도:올] 문

door door

window
[윈도우] 창문

window window

floor
[플로:올] 마루, 바닥

floor floor

wall
[월] 벽

wall wall

● a와 b 중 그림에 해당하는 알맞은 단어를 고르세요.

① a. door
   b. table

② a. television
   b. bed

③ a. computer
   b. floor

④ a. wall
   b. window

- ● 표시가 있는 단어는 가장 강하게 들리는 곳을 주의해서 들어 보세요.
- 소리 내어 단어를 읽으면서 따라 써 보세요.

공부한 날

월   일

bed
[벧] 침대

bed bed

table●
[테이블] 식탁, 탁자

table table

computer●
[컴퓨:털] 컴퓨터

computer computer

television●
[텔러뷔전] 텔레비전
TV로 줄여서 쓸 때가 많아요.

television television

⑤

a. table
b. wall

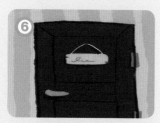

⑥

a. door
b. window

⑦

a. television
b. bed

⑧

a. floor
b. computer

DAY 19 TABLEWARE

spoon
[스푸:운] 숟가락, 스푼

spoon spoon

chopsticks
[촵스틱스] 젓가락

chopsticks chopsticks

fork
[포:올크] 포크

fork fork

knife
[나잎] 칼, 나이프
k를 소리 내지 않아요.

knife knife

● 그림에 해당하는 단어를 찾아 선으로 알맞게 연결하세요.

① 	② 	③ 	④ 

spoon   cup   dish   chopsticks

– ● 표시가 있는 단어는 가장 강하게 들리는 곳을 주의해서 들어 보세요.

– 소리 내어 단어를 읽으면서 따라 써 보세요.

cup
[컵] 컵

cup cup

glass
[글래스] 유리잔

glass glass

dish
[디쉬] (일반적인) 접시

dish dish

bowl
[보울] (우묵한) 그릇, 볼

bowl bowl

⑤

⑥

⑦

⑧

fork   glass   bowl   knife

DAY 20 BODY 1

body
[바디] 몸, 신체

body body

back
[백] 등

back back

neck
[넥] 목

neck neck

arm
[아:알암] 팔

arm arm

● 빈칸을 채워 그림에 해당하는 영어 단어를 완성하세요.

①	②	③	④

b _ d _	ne _ _ _	_ in _ er	_ eg

DAY 20.mp3

– ● 표시가 있는 단어는 가장 강하게 들리는 곳을 주의해서 들어 보세요.
– 소리 내어 단어를 읽으면서 따라 써 보세요.

공부한 날

월   일

hand
[핸드] 손

hand hand

finger°
[핑걸] 손가락

finger finger

leg
[렉] 다리

leg leg

foot
[풋] (한쪽) 발
'양발'은 feet라고 해요.

foot foot

⑤

⑥

⑦

⑧

f __ __ t

h __ n __

__ __ ck

a __ __ m

A 그림에 해당하는 알맞은 단어를 고르세요.

1.
police / nurse

2.
desk / ruler

3.
girl / glue

4.
fork / spoon

5.
arm / leg

6.
door / floor

7.
glass / dish

8.
foot / farmer

9.
scissors / eraser

B 주어진 알파벳을 순서대로 써서 그림에 해당하는 영어 단어를 완성하세요.

1.
d i
n w
o w

2.
c a
h
i r

3.
f
n i r
e g

4.
o c m
p u
e t r

ⓒ 빈칸에 알맞은 알파벳을 넣어 다음 우리말 뜻에 해당하는 영어 단어를 완성하세요.

1. 사촌

2. 학교

3. 친구

4. 의사

5. 몸, 신체

6. 부엌

7. 어머니

8. 삼촌, 이모부

9. 과학

10. 침실

ⓓ 다음 우리말 뜻에 해당하는 영어 단어를 알파벳 판에서 찾아 동그라미 친 후 써 보세요.

c	c	t	l	c	i	c	e	k	p
s	l	h	e	f	p	s	f	i	p
s	m	a	i	x	a	f	p	s	m
l	t	g	s	l	t	t	o	m	d
a	e	u	s	s	d	b	h	c	k
d	m	f	d	c	r	r	o	e	t
k	u	n	m	e	k	o	e	o	r
k	s	r	r	b	n	f	o	n	k
v	i	j	c	z	l	t	e	m	a
y	c	x	y	o	z	m	v	c	b

1. 아이들

_____

2. 학생

_____

3. 아버지

_____

4. 교실

_____

5. 교과서

_____

6. 음악

_____

DAY 21 BODY 2

head
[헤드] 머리

head head

hair
[헤얼] 머리카락, 머리털

hair hair

face
[페이스] 얼굴

face face

eye
[아이] 눈

eye eye

● 빈칸을 채워 그림에 해당하는 영어 단어를 완성하세요.

①  ②  ③  ④

① _ _ e   ② m _ u _   ③ _ _ oth   ④ _ _ r

– ● 표시가 있는 단어는 가장 강하게 들리는 곳을 주의해서 들어 보세요.
– 소리 내어 단어를 읽으면서 따라 써 보세요.

공부한 날

월   일

ear
[이얼] 귀

ear ear

nose
[노우즈] 코

nose nose

mouth
[마우쓰] 입

mouth mouth

tooth
[투:쓰] 이빨, 이, 치아
'여러 개의 이빨'을 말할 때는
teeth로 써요.

tooth tooth

⑤

h___d

⑥

no__e

⑦

h___r

⑧

__a__e

51

DAY 22 APPEARANCE

cute
[큐:트] 귀여운

cute cute

ugly
[어글리] 못생긴

ugly ugly

pretty
[프뤼티] 예쁜

pretty pretty

handsome
[핸썸] 잘생긴
d를 소리 내지 않아요.

handsome handsome

● 빈칸을 채워 그림에 해당하는 영어 단어를 완성하세요.

①	②	③	④

__ __ all	s __ __ o __ t	b __ g	f __ __ t

DAY 22.mp3

– ● 표시가 있는 단어는 가장 강하게 들리는 곳을 주의해서 들어 보세요.
– 소리 내어 단어를 읽으면서 따라 써 보세요.

공부한 날
월   일

tall
[토:올] 키가 큰, 높은

tall tall

short
[쇼:올트] 키가 작은,
(길이가) 짧은

short short

big
[빅] (몸집, 크기, 규모 등이)
큰

big big

fat
[팯] 뚱뚱한

fat fat

⑤

⑥

⑦

⑧

___ ___ly   han ___ ome   pr _____ y   ___ ___ te

DAY 23 THINGS TO WEAR

pants
[팬츠] 바지

pants pants

skirt
[스커:얼트] 치마, 스커트

skirt skirt

hat
[햇] (일반적인) 모자

hat hat

cap
[캡] 캡, (앞에 챙이 있는) 모자

cap cap

● a와 b 중 그림에 해당하는 알맞은 단어를 고르세요.

①
a. socks
b. shoes

②
a. gloves
b. clothes

③
a. skirt
b. hat

④
a. pants
b. shoes

– ● 표시가 있는 단어는 가장 강하게 들리는 곳을 주의해서 들어 보세요.
– 소리 내어 단어를 읽으면서 따라 써 보세요.

공부한 날

월   일

socks

[싹스] **양말**

양말은 두 짝을 신으므로
보통 socks로 써요.

socks socks

shoes

[슈즈] **신발, 구두**

신발은 두 짝을 신으므로
보통 shoes로 써요.

shoes shoes

gloves

[글럽즈] **장갑, 글러브**

'야구 글러브 한 짝'은
glove예요.

gloves gloves

clothes

[클로우즈] **옷**

clothes clothes

⑤

a. cap
b. socks

⑥

a. pants
b. skirt

⑦

a. gloves
b. hat

⑧

a. cap
b. clothes

DAY 24 COLORS

black
[블랙] 검은색 / 검은,
검은색의

black black

white
[와잍] 흰색 / 하얀, 흰색의

white white

red
[뤤] 빨간색 / 빨간, 빨간색의

red red

yellow
[옐로우] 노란색 / 노란,
노란색의

yellow yellow

● 그림에 해당하는 단어를 찾아 선으로 알맞게 연결하세요.

①

②

③

④

blue

pink

yellow

brown

DAY 24.mp3

– ● 표시가 있는 단어는 가장 강하게 들리는 곳을 주의해서 들어 보세요.
– 소리 내어 단어를 읽으면서 따라 써 보세요.

공부한 날

___ 월 ___ 일

57

pink
[핑크] 분홍색 / 분홍색의

pink pink

brown
[브롸운] 갈색 / 갈색의

brown brown

green
[그뤼:인] 초록색 / 녹색의

green green

blue
[블루:] 파란색 / 파란,
푸른색의

blue blue

⑤

⑥

⑦

⑧

red   white   green   black

DAY 25 FRUIT/VEGETABLES

fruit
[프루ː트] 과일, 열매

fruit fruit

apple
[애플] 사과

apple apple

banana
[버내너] 바나나

banana banana

watermelon
[워터멜런] 수박

watermelon watermelon

fruit fruit

● a와 b 중 그림에 해당하는 알맞은 단어를 고르세요.

①
a. vegetable
b. fruit

②
a. carrot
b. tomato

③
a. banana
b. watermelon

④
a. apple
b. potato

DAY 25.mp3

– ● 표시가 있는 단어는 가장 강하게 들리는 곳을 주의해서 들어 보세요.
– 소리 내어 단어를 읽으면서 따라 써 보세요.

공부한 날
월   일

vegetable °
[붸저터블] 채소

vegetable vegetable

carrot °
[캐뤹] 당근

carrot carrot

potato °
[퍼테이토우] 감자

potato potato

tomato °
[터메이토우] 토마토

tomato tomato

⑤
a. carrot
b. watermelon

⑥
a. banana
b. tomato

⑦
a. potato
b. apple

⑧
a. vegetable
b. fruit

DAY 26 FOOD/BEVERAGE

fish
[피쉬] 물고기, 생선

fish fish

meat
[미:트] 고기

meat meat

beef
[비:프] 소고기

beef beef

chicken
[취큰] 닭고기
'닭'이라는 뜻도 있어요.

chicken chicken

● 빈칸을 채워 그림에 해당하는 영어 단어를 완성하세요.

①	②	③	④

__ a __ er	e __ __ __	me __ t	__ __ __ ce

– ● 표시가 있는 단어는 가장 강하게 들리는 곳을 주의해서 들어 보세요.

– 소리 내어 단어를 읽으면서 따라 써 보세요.

egg
[엑] 달걀

egg egg

water°
[워털] 물

water water

milk
[밀크] 우유

milk milk

juice
[쥬:스] 주스

juice juice

⑤

⑥

⑦

⑧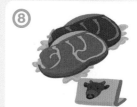

_____ i __ ken   m __ __ k   fi _____   be _____

DAY 27 MEALS

food
[푸:드] 음식

food food

rice
[라이스] 밥, 쌀

rice rice

noodles
[누:들즈] 국수, 면

noodles noodles

bread
[브뤧] 빵

bread bread

● a와 b 중 그림에 해당하는 알맞은 단어를 고르세요.

①
a. bread
b. noodles

②
저녁
a. soup
b. dinner

③
a. bread
b. rice

④
아침
a. breakfast
b. lunch

DAY 27.mp3

– ● 표시가 있는 단어는 가장 강하게 들리는 곳을 주의해서 들어 보세요.
– 소리 내어 단어를 읽으면서 따라 써 보세요.

공부한 날

월   일

soup
[수ː프] 수프

soup soup

breakfast●
[브뤡퍼슽] 아침 (식사)

breakfast breakfast

lunch
[런취] 점심 (식사)

lunch lunch

dinner●
[디널] 저녁 (식사)

dinner dinner

⑤ a. soup
b. bread

⑥ a. noodles
b. food

⑦ 점심
a. lunch
b. breakfast

⑧ a. rice
b. soup

DAY 28 TASTE

salt
[쏘:올트] 소금

salt salt

sugar
[슈걸] 설탕

sugar sugar

honey
[허니] 꿀

honey honey

sour
[싸우얼] 신

sour sour

● 주어진 알파벳을 순서대로 써서 우리말 뜻에 해당하는 영어 단어를 완성하세요.

① 짠

a   y
s
t

② 맛있는

d   l e   u
   i   c   s
   i   o

③ 매운, 매콤한

p
      s
c   y
   i

④ 단

w
         e
s
      t

64

DAY 28.mp3

– ● 표시가 있는 단어는 가장 강하게 들리는 곳을 주의해서 들어 보세요.
– 소리 내어 단어를 읽으면서 따라 써 보세요.

공부한 날
월 일

salty ●
[쏘:올티] 짠

salty salty

sweet
[스위:트] 단
'사랑스러운'이라는 뜻도 있어요.

sweet sweet

spicy ●
[스파이씨] 매운, 매콤한

spicy spicy

delicious ●
[딜리셔스] 맛있는

delicious delicious

⑤ 설탕
s
u
g
r
a

⑥ 소금
s
t
a
l

⑦ 꿀
e
o
h
y
n

⑧ 신
r
s
o
u

DAY 29 SPORTS/INSTRUMENTS

sport
[스포:올트] **스포츠, 운동**
보통 sports로 많이 써요.

sport sport

baseball
[베이스보:올] **야구**

baseball baseball

basketball
[배스킽보:올] **농구**

basketball basketball

soccer
[싸컬] **축구**

soccer soccer

● a와 b 중 그림에 해당하는 알맞은 단어를 고르세요.

①
a. guitar
b. basketball

②
a. badminton
b. piano

③
a. baseball
b. sport

④
a. soccer
b. violin

DAY 29.mp3

– ● 표시가 있는 단어는 가장 강하게 들리는 곳을 주의해서 들어 보세요.
– 소리 내어 단어를 읽으면서 따라 써 보세요.

공부한 날

월   일

badminton ●
[밷민튼] 배드민턴

badminton badminton

piano ●
[피애노우] 피아노

piano piano

violin ●
[봐이얼린] 바이올린

violin violin

guitar ●
[기타:알] 기타

guitar guitar

⑤
a. violin
b. baseball

⑥
a. piano
b. soccer

⑦
a. badminton
b. basketball

⑧
a. guitar
b. sport

DAY 30 THINGS WE LIKE 1

game
[게임] 게임, 경기

game game

movie°
[무:뷔] 영화

movie movie

doll
[달] 인형

doll doll

toy
[토이] 장난감

toy toy

● a와 b 중 그림에 해당하는 알맞은 단어를 고르세요.

①	②	③	④

a. toy b. bag	a. puzzle b. smartphone	a. game b. book	a. movie b. doll

DAY 30.mp3

– ● 표시가 있는 단어는 가장 강하게 들리는 곳을 주의해서 들어 보세요.
– 소리 내어 단어를 읽으면서 따라 써 보세요.

공부한 날

월   일

book
[북] 책

book book

puzzle●
[퍼즐] 퍼즐

puzzle puzzle

bag
[백] 가방

bag bag

smartphone●
[스마ː알트포운] 스마트폰

smartphone smartphone

⑤

a. game
b. smartphone

⑥

a. bag
b. doll

⑦

a. movie
b. puzzle

⑧

a. book
b. toy

A 그림에 해당하는 알맞은 단어를 고르세요.

1.
fruit / chicken

2.
fat / pretty

3.
noodles / bread

4.
face / fish

5.
guitar / violin

6.
black / blue

7.
ear / eye

8.
skirt / shoes

9.
head / tooth

B 주어진 알파벳을 순서대로 써서 그림에 해당하는 영어 단어를 완성하세요.

1.
m
o   h
t   u

2.
j
c   i   u
e

3.
r   b
e   k   a
a   f   s   t

4.
y
o   l   w
e   l

정답 ▶ p.140

C 빈칸에 알맞은 알파벳을 넣어 다음 우리말 뜻에 해당하는 영어 단어를 완성하세요.

1. 물

2. 단

3. 축구

4. 옷

5. 코

6. 소금

7. 책

8. 키가 큰, 높은

9. 음식

10. 밥, 쌀

D 다음 우리말 뜻에 해당하는 영어 단어를 알파벳 판에서 찾아 동그라미 친 후 써 보세요.

v	b	u	k	c	k	r	s	u	s
f	e	h	t	w	f	v	p	g	b
z	v	g	n	m	l	v	o	g	w
v	c	h	e	y	p	z	r	j	s
g	w	f	g	t	l	r	t	m	h
f	u	u	j	w	a	l	y	h	o
g	r	e	e	n	t	b	p	w	r
l	u	n	c	h	f	o	l	k	t
h	i	n	o	s	r	t	y	e	e
o	p	l	f	d	e	a	y	a	s

1. 채소

_____

2. 점심 (식사)

_____

3. 스포츠, 운동

_____

4. 장난감

_____

5. 키가 작은, (길이가) 짧은

_____

6. 초록색 / 녹색의

_____

DAY 31 THINGS WE LIKE 2

ball
[보ː올] 공

ball ball

bat
[뱉] (야구 등의) 배트,
방망이
동물인 '박쥐'도 bat이라고 해요.

bat bat

candy
[캔디] 사탕

candy candy

watch
[워취] 손목시계

watch watch

● 그림에 해당하는 단어를 찾아 선으로 알맞게 연결하세요.

①	②	③	④

robot   candy   balloon   bat

72

ring
[링] 반지

ring ring

mirror⦿
[미뤌] 거울

mirror mirror

robot⦿
[로우벝] 로봇

robot robot

balloon⦿
[벌루:운] 풍선

balloon balloon

⑤

⑥

⑦

⑧

ball

mirror

ring

watch

DAY 32 VEHICLES

car
[카:알] 차, 자동차

car car

bus
[버스] 버스

bus bus

taxi
[택시] 택시

taxi taxi

bicycle
[바이씨클] 자전거
보통은 짧게 bike라고 해요.

bicycle bicycle

● 빈칸을 채워 그림에 해당하는 영어 단어를 완성하세요.

①	②	③	④

b __ s   __ r __ n   ta __ __ __   b __ __ t

– ● 표시가 있는 단어는 가장 강하게 들리는 곳을 주의해서 들어 보세요.
– 소리 내어 단어를 읽으면서 따라 써 보세요.

subway °
[썹웨이] 지하철

subway subway

train
[트뤠인] 기차

train train

boat
[보웉] (소형) 배
'큰 배', '선박'은 ship이라고
해요.

boat boat

airplane °
[에얼플레인] 비행기
보통은 짧게 plane이라고 해요.

airplane airplane

⑤  ⑥  ⑦  ⑧

s_____ay   bi_____le   airpl____e   ____ar

store
[스토:올] 가게

store store

hospital
[하스피틀] 병원

hospital hospital

bank
[뱅크] 은행

bank bank

library
[라이브뤄뤼] 도서관

library library

● 주어진 단어의 영어 철자가 맞으면 상자 안에 O, 틀리면 X를 치고 올바르게 고치세요.

① 도서관	② 우체국	③ 가게	④ 박물관
libraly	post office	store	musium
☐	☐	☐	☐

post office ◉
[포우슽어피스] 우체국

post office post office

museum ◉
[뮤:지:엄] 박물관

museum museum

church
[처:얼취] 교회

church church

restaurant ◉
[뤠스터뤈트] 식당

restaurant restaurant

⑤ 식당	⑥ 교회	⑦ 은행	⑧ 병원
restaurant	church	benk	hospitle
☐ ____	☐ ____	☐ ____	☐ ____

DAY 34 PLACES 2

bridge
[브륃쥐] 다리

bridge bridge

tower°
[타우얼] 탑, 타워

tower tower

park
[파:알크] 공원

park park

farm
[파:알암] 농장

farm farm

● 주어진 알파벳을 순서대로 써서 우리말 뜻에 해당하는 영어 단어를 완성하세요.

① 공항

r p t
o a i r

② 공원

a r
p k

③ 다리

r
b e i
g d

④ 농장

a
f r
m

– ● 표시가 있는 단어는 가장 강하게 들리는 곳을 주의해서 들어 보세요.
– 소리 내어 단어를 읽으면서 따라 써 보세요.

공부한 날
월 일

zoo
[주:] 동물원

ZOO zoo

castle°
[캐슬] 성, 궁궐
t를 소리 내지 않아요.

castle castle

factory°
[팩터뤼] 공장

factory factory

airport°
[에얼포:올트] 공항

airport airport

⑤ 탑, 타워
t w r
e o

⑥ 성, 궁궐
c t
e a l
s

⑦ 공장
c t
f r o
a y

⑧ 동물원
o
o z

DAY 35 DIRECTIONS/LOCATION 1

right
[롸잍] **오른쪽의**
'옳은', '맞는'이라는
뜻도 있어요.

right right

left
[레픝] **왼쪽의**

left left

in
[인] **안에, 안으로**

in in

by
[바이] **(공간적으로)**
곁에, 근처에

by by

● a와 b 중 그림에 해당하는 알맞은 단어를 고르세요.

①

a. in
b. right

②

a. under
b. behind

③

a. right
b. left

④

a. in
b. by

DAY 35.mp3

– ● 표시가 있는 단어는 가장 강하게 들리는 곳을 주의해서 들어 보세요.
– 소리 내어 단어를 읽으면서 따라 써 보세요.

공부한 날
월 일

under●
[언덜] 아래에

under under

on
[언] (면에 붙은 상태로) 위에, ~에

on on

behind●
[비하인드] 뒤에

behind behind

in front of
[인프런트업] 앞에

in front of in front of

---

⑤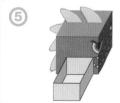
a. behind
b. under

⑥
a. in front of
b. left

⑦
a. on
b. by

⑧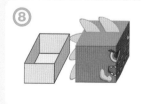
a. on
b. in front of

over
[오우붤] (떨어져서) 위에

over over

between
[비트위:인] (둘) 사이에

between between

next to
[넥슽투] (위치상 바로) 옆에

next to next to

above
[어법] (어떤 기준점 중심으로 떨어져서) 위에

above above

● 빈칸을 채워 그림에 해당하는 영어 단어를 완성하세요.

①

②

③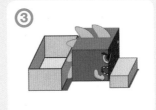

④

s __ __ __ th   w __ __ st   be __ __ w __ en   o __ __ er

DAY 36.mp3

– ● 표시가 있는 단어는 가장 강하게 들리는 곳을 주의해서 들어 보세요.
– 소리 내어 단어를 읽으면서 따라 써 보세요.

공부한 날

월   일

east
[이:슽] 동쪽 / 동쪽으로

east east

west
[웨슽] 서쪽 / 서쪽으로

west west

north
[노:올쓰] 북쪽 / 북쪽으로

north north

south
[싸우쓰] 남쪽 / 남쪽으로

south south

⑤ 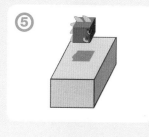   ⑥    ⑦    ⑧

___ bo ___ e   n ___ t to   n ___ th   ___ ___ st

DAY 37 DAYS

day
[데이] 하루, 날, 낮

day day

Sunday
[썬데이] 일요일

Sunday Sunday

Monday
[먼데이] 월요일

Monday Monday

Tuesday
[튜:즈데이] 화요일

Tuesday Tuesday

● 주어진 알파벳을 순서대로 써서 우리말 뜻에 해당하는 영어 단어를 완성하세요.

① 하루, 날, 낮	② 일요일	③ 목요일	④ 화요일
d a y	d a S n y u	s h d a T u r y	T u d y e a s

DAY37.mp3

– ● 표시가 있는 단어는 가장 강하게 들리는 곳을 주의해서 들어 보세요.
– 소리 내어 단어를 읽으면서 따라 써 보세요.

공부한 날
월   일

Wednesday●
[웬즈데이] **수요일**
d를 소리 내지 않아요.

Wednesday Wednesday

Thursday●
[썰스데이] **목요일**

Thursday Thursday

Friday●
[프라이데이] **금요일**

Friday Friday

Saturday●
[쌔털데이] **토요일**

Saturday Saturday

---

⑤ **금요일**

r   a
F i   y
   d

⑥ **수요일**

      s   a
W n d y
   e e d

⑦ **월요일**

   a   o
M   n   y
      d

⑧ **토요일**

   a   r   d
   r   y
S t u
   t   a

85

DAY 38 TIME 1

time
[타임] 시간

time time

hour
[아우얼] 한 시간

hour hour

o'clock °
[어클락] ~시

o'clock o'clock

minute °
[미닡] 분

minute minute

● 주어진 알파벳을 순서대로 써서 우리말 뜻에 해당하는 영어 단어를 완성하세요.

① 아침
m n i g o r n

② 저녁
e e n i g v n

③ 한 시간
u h o r

④ 밤
h n t g i

morning [모:올닝] 아침

morning morning

afternoon [앺털누:운] 오후

afternoon afternoon

evening [이:브닝] 저녁

evening evening

night [나잍] 밤

night night

⑤ ~시

c   k
o
o' l   c

⑥ 분

i   u
e
m
n   t

⑦ 오후

f
r   n
a   t   n
e   o

⑧ 시간

e   m
t
i

DAY (39) TIME 2

today
[터데이] 오늘

today today

tonight
[터나잍] 오늘 밤

tonight tonight

tomorrow
[터마:로우] 내일

tomorrow tomorrow

yesterday
[예스털데이] 어제

yesterday yesterday

● 주어진 알파벳을 순서대로 써서 우리말 뜻에 해당하는 영어 단어를 완성하세요.

① 달, 월
```
    o   h
 m     n
    t
```

② 내일
```
   r   w
 t   o   o
   o   r   m
```

③ 주말
```
      w   e
   n
 e   d   e   k
```

④ 오늘

```
 t     d   y
   a
           o
```

– ● 표시가 있는 단어는 가장 강하게 들리는 곳을 주의해서 들어 보세요.

– 소리 내어 단어를 읽으면서 따라 써 보세요.

공부한 날

　월　　일

week
[위:크] 주, 일주일

week week

weekend●
[위켄드] 주말

weekend weekend

month
[먼쓰] 달, 월

month month

year
[이얼] 1년, 연
'~살[세]'라고 나이를 말할 때도
year를 써요.

year year

⑤ 주, 일주일
e
w　　e
　　k

⑥ 오늘 밤
i　　g
　n
t　　o　　h　　t

⑦ 1년, 연
a
y　　e
　　　r

⑧ 어제
t　　e
e　r　　y
s　a　d　y

DAY 40 NOUN 1

key
[키:] 열쇠

key key

box
[박스] 상자, 박스

box box

present
[프뤠즌트] 선물

present present

umbrella
[엄브뤨러] 우산

umbrella umbrella

● a와 b 중 그림에 해당하는 알맞은 단어를 고르세요.

①
a. picture
b. box

②
a. key
b. letter

③
a. calendar
b. garbage

④
a. picture
b. umbrella

DAY 40.mp3

– ● 표시가 있는 단어는 가장 강하게 들리는 곳을 주의해서 들어 보세요.
– 소리 내어 단어를 읽으면서 따라 써 보세요.

공부한 날

월   일

91

picture ●
[픽철] 사진, 그림

picture picture

letter ●
[레털] 편지

letter letter

calendar ●
[캘런덜] 달력

calendar calendar

garbage ●
[가:알비쥐] 쓰레기

garbage garbage

⑤

a. garbage
b. umbrella

⑥

a. letter
b. present

⑦

a. key
b. picture

⑧

a. box
b. calendar

Ⓐ 그림에 해당하는 알맞은 단어를 고르세요.

1.
bicycle / bus

2.
robot / watch

3.
right / left

4.
boat / bat

5.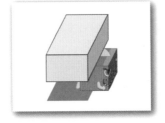
between / under

6.
in front of / on

7.
by / in

8.
east / south

9.
airplane / airport

Ⓑ 주어진 알파벳을 순서대로 써서 그림에 해당하는 영어 단어를 완성하세요.

1.
u a b
r l
e l m

2.
m
o r r
i r

3.
b y
s w
a u

4.
b
a o n o
l l

정답 ▶ p.141

C 빈칸에 알맞은 알파벳을 넣어 다음 우리말 뜻에 해당하는 영어 단어를 완성하세요.

1. 월요일

2. 왼쪽의

3. 도서관

4. 주말

5. 시간

6. 공원

7. 금요일

8. 뒤에

9. 화요일

10. 박물관

D 다음 우리말 뜻에 해당하는 영어 단어를 알파벳 판에서 찾아 동그라미 친 후 써 보세요.

m	a	f	t	e	r	n	o	o	n
o	x	z	n	q	r	m	t	v	w
n	l	o	y	y	t	q	n	w	d
t	h	o	s	p	i	t	a	l	g
h	l	i	m	o	r	n	i	n	g
u	w	q	l	h	q	x	p	j	z
r	e	s	t	a	u	r	a	n	t
q	g	q	s	t	d	p	u	q	z
s	h	e	g	m	d	f	w	g	o
t	w	v	s	z	w	a	q	x	y

1. 병원

_____

2. 아침

_____

3. 오후

_____

4. 달, 월

_____

5. 식당

_____

6. 동물원

_____

DAY 41 NOUN 2

hope
[호웊] 희망, 기대

hope hope

habit°
[해빝] 습관, 버릇

habit habit

hobby°
[하비] 취미

hobby hobby

job
[잡] 직업, 일

job job

● 주어진 단어의 영어 철자가 맞으면 상자 안에 O, 틀리면 X를 치고 올바르게 고치세요.

① 꿈	② 계획	③ 목표	④ 직업, 일
dreem	plan	goul	jab
☐ _____	☐ _____	☐ _____	☐ _____

– ● 표시가 있는 단어는 가장 강하게 들리는 곳을 주의해서 들어 보세요.
– 소리 내어 단어를 읽으면서 따라 써 보세요.

plan
[플랜] 계획

plan plan

joy
[조이] 기쁨

joy joy

dream
[드뤼:임] 꿈

dream dream

goal
[고울] 목표

goal goal

⑤ 습관, 버릇	⑥ 취미	⑦ 기쁨	⑧ 희망, 기대
havit	hobby	joy	hupe
☐	☐	☐	☐

DAY 42 NOUN 3

name
[네임] 이름

name name

address°
[앤뤠스] 주소

address address

idea°
[아이디:어] 생각, 아이디어

idea idea

story°
[스토:뤼] 이야기

story story

● 주어진 알파벳을 순서대로 써서 우리말 뜻에 해당하는 영어 단어를 완성하세요.

① 질문

e i
q
u n
s t o

② 소원, 바람

h
w i
s

③ 대답

s
n e
a w r

④ 소식, 뉴스

e
w s
n

96

– ● 표시가 있는 단어는 가장 강하게 들리는 곳을 주의해서 들어 보세요.
– 소리 내어 단어를 읽으면서 따라 써 보세요.

공부한 날

월   일

news
[뉴:즈] 소식, 뉴스

news news

wish
[위쉬] 소원, 바람

wish wish

question °
[퀘스천] 질문

question question

answer °
[앤썰] 대답
동사로는 '대답하다'라는
뜻이에요.

answer answer

⑤ 주소

a r s d
d e s

⑥ 이야기

t y
s r
o

⑦ 생각, 아이디어

a
i e
d

⑧ 이름

n
m
a e

DAY 43 NOUN 4

birthday
[버:얼쓰데이] 생일

birthday birthday

holiday
[할러데이] (공)휴일, 명절

holiday holiday

color
[컬럴] 색, 색깔

color color

shape
[쉐잎] 모양, 형태

shape shape

● 주어진 단어의 영어 철자가 맞으면 상자 안에 O, 틀리면 X를 치고 올바르게 고치세요.

① 장소, 곳	② 생일	③ 세계	④ 냄새
plase	birthday	warld	smell

□ _____ □ _____ □ _____ □ _____

smell
[스멜] 냄새
동사로는 '냄새 맡다'라는 뜻이에요.

smell smell

place
[플레이스] 장소, 곳

place place

country●
[컨트뤼] 나라, 국가

country country

world
[워:얼드] 세계

world world

⑤ 나라, 국가	⑥ (공)휴일, 명절	⑦ 모양, 형태	⑧ 색, 색깔
kountry	holiday	shepe	colar
☐ _____	☐ _____	☐ _____	☐ _____

DAY 44 NOUN 5

thing
[씽] 것, 물건

thing thing

money°
[머니] 돈

money money

word
[월:드] 단어, 말

word word

number°
[넘벌] 숫자, 번호

number number

● 주어진 단어의 영어 철자가 맞으면 상자 안에 O, 틀리면 X를 치고 올바르게 고치세요.

① 힘, 파워	② 맨 위, 꼭대기	③ 맨 아래, 바닥	④ 문제
power	tob	battom	problum

- ● 표시가 있는 단어는 가장 강하게 들리는 곳을 주의해서 들어 보세요.
- 소리 내어 단어를 읽으면서 따라 써 보세요.

공부한 날

　　월　　일

top
[탑] 맨 위, 꼭대기

top top

bottom°
[바텀] 맨 아래, 바닥

bottom bottom

problem°
[프라블럼] 문제

problem problem

power°
[파우얼] 힘, 파워

power power

⑤ 단어, 말	⑥ 숫자, 번호	⑦ 것, 물건	⑧ 돈
wold	numver	thing	money
☐ ＿＿	☐ ＿＿	☐ ＿＿	☐ ＿＿

DAY 45 PERSONALITY

kind
[카인드] 친절한

kind kind

lazy
[레이지] 게으른

lazy lazy

quiet
[콰이엍] 조용한, 말 없는

quiet quiet

nice
[나이스] 친절한, 좋은

nice nice

● 주어진 알파벳을 순서대로 써서 우리말 뜻에 해당하는 영어 단어를 완성하세요.

① 게으른

l a
z y

② 똑똑한

s m t
a r

③ 창의적인

r t v
c a e
i e

④ 정직한

h e
o n t
s

– ● 표시가 있는 단어는 가장 강하게 들리는 곳을 주의해서 들어 보세요.
– 소리 내어 단어를 읽으면서 따라 써 보세요.

smart
[스마:알트] 똑똑한

smart smart

honest °
[어니슽] 정직한

honest honest

brave
[브뤠입] 용감한

brave brave

creative °
[크뤼에이팁] 창의적인

creative creative

---

⑤ 조용한, 말 없는

i
u
q
e t

⑥ 친절한

i
k   d
n

⑦ 용감한

a
v   e
r   b

⑧ 친절한, 좋은

i
n   c
e

DAY 46 CONDITION

happy
[해피] 기쁜

happy happy

sad
[쌛] 슬픈

sad sad

angry
[앵그뤼] 화난

angry angry

shy
[샤이] 수줍은

shy shy

● 빈칸을 채워 그림에 해당하는 영어 단어를 완성하세요.

①	②	③	④

ha____y	____gry	s__k	b__y

– ● 표시가 있는 단어는 가장 강하게 들리는 곳을 주의해서 들어 보세요.
– 소리 내어 단어를 읽으면서 따라 써 보세요.

공부한 날

월   일

busy●
[비지] 바쁜

busy busy

sick
[씩] 아픈

sick sick

hungry●
[헝그뤼] 배고픈

hungry hungry

thirsty●
[써:얼스티] 목마른

thirsty thirsty

⑤ ___ng ___y

⑥ s___y

⑦ sa___

⑧ ___ ___ ___rsty

DAY 47 ADJECTIVE 1

strong
[스트로:옹] 힘이 센, 강한

strong strong

rich
[뤼취] 부유한, 부자의

rich rich

poor
[푸얼] 가난한

poor poor

young
[영] 젊은, 어린

young young

● 그림에 해당하는 단어를 찾아 선으로 알맞게 연결하세요.

① 	② 	③ 	④ 

full young new old

- ● 표시가 있는 단어는 가장 강하게 들리는 곳을 주의해서 들어 보세요.
- 소리 내어 단어를 읽으면서 따라 써 보세요.

공부한 날

월   일

old
[오울드] 오래된, 낡은, 늙은

old old

new
[누:] 새로운, 새것인

new new

full
[풀] 가득한

full full

empty●
[엠프티] 비어 있는, 빈

empty empty

⑤

⑥

⑦

⑧

rich   poor   strong   empty

107

DAY 48 ADJECTIVE 2

heavy
[헤뷔] 무거운

heavy heavy

large
[라:알쥐] (형태, 용량이) 큰,
(면적이) 넓은

large large

small
[스모:올] (면적, 크기가)
작은, (용량이) 적은

small small

long
[로:옹] 긴

long long

● 빈칸을 채워 그림에 해당하는 영어 단어를 완성하세요.

① ___ ___ eap

② ___ pensi __ e

③ ___ ___ all

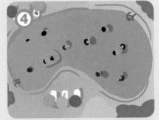
④ lar ___ ___

– ● 표시가 있는 단어는 가장 강하게 들리는 곳을 주의해서 들어 보세요.
– 소리 내어 단어를 읽으면서 따라 써 보세요.

easy ●
[이:지] 쉬운

easy easy

difficult ●
[디피컬트] 어려운

difficult difficult

cheap
[취:프] 싼, 저렴한

cheap cheap

expensive ●
[익쓰펜씹] 비싼

expensive expensive

⑤ ___ong

⑥ e___y

⑦ d_____icult

⑧ h___vy

DAY 49 ADJECTIVE 3

dirty
[더:얼티] 더러운

dirty dirty

clean
[클리:인] 깨끗한

clean clean

great
[그뤠잍] 큰, 엄청난, 훌륭한

great great

bright
[브롸잍] 밝은, 빛나는

bright bright

● 주어진 단어의 영어 철자가 맞으면 상자 안에 O, 틀리면 X를 치고 올바르게 고치세요.

① 더러운	② 어두운, 캄캄한	③ 깨끗한	④ 반가운, 환영받는
derty	darc	clean	welcome

DAY 49.mp3

— ● 표시가 있는 단어는 가장 강하게 들리는 곳을 주의해서 들어 보세요.
— 소리 내어 단어를 읽으면서 따라 써 보세요.

공부한 날

월 　일

dark
[다:알크] 어두운, 캄캄한

dark dark

same
[쎄임] 같은, 동일한

same same

different●
[디퍼런트] 다른

different different

welcome●
[웰컴] 반가운, 환영받는

welcome welcome

⑤ 밝은, 빛나는	⑥ 같은, 동일한	⑦ 큰, 엄청난, 훌륭한	⑧ 다른
blight	same	graet	different
☐	☐	☐	☐

DAY 50 ADJECTIVE/ADVERB

early
[어:얼리] 이른 / 일찍

early early

late
[레읻] 늦은 / 늦게

late late

fast
[패슽] 빠른 / 빨리

fast fast

slow
[슬로우] 느린 /
느리게, 천천히

slow slow

● 주어진 알파벳을 순서대로 써서 우리말 뜻에 해당하는 영어 단어를 완성하세요.

① 좋은, 건강한 / 잘
e   i
f   n

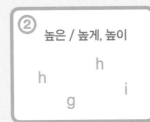
② 높은 / 높게, 높이
h
h   i
g

③ 단단한, 어려운 /
열심히
h   a
r   d

④ 낮은 / 낮게
w   l
o

DAY 50.mp3

– ● 표시가 있는 단어는 가장 강하게 들리는 곳을 주의해서 들어 보세요.
– 소리 내어 단어를 읽으면서 따라 써 보세요.

공부한 날

월   일

high
[하이] 높은 / 높게, 높이

high high

low
[로우] 낮은 / 낮게

low low

hard
[하:알드] 단단한, 어려운 /
열심히

hard hard

fine
[파인] 좋은, 건강한 / 잘

fine fine

---

⑤ 늦은 / 늦게

a
l   t
e

⑥ 빠른 / 빨리

t
s   f
a

⑦ 일찍 / 이른

l
a   r
e   y

⑧ 느린 / 느리게, 천천히

w
o
s
l

Ⓐ 그림에 해당하는 알맞은 단어를 고르세요.

1.

full / empty

2.

angry / happy

3.
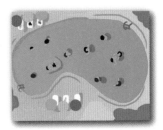
large / young

4.

hungry / honest

5.

easy / busy

6.

sad / strong

7.

old / new

8.

cheap / sick

9.

lazy / long

Ⓑ 주어진 알파벳을 순서대로 써서 그림에 해당하는 영어 단어를 완성하세요.

1.

d i
i c f f
u t l

2.

t
s i r
h y t

3.

h e
v
a y

4.

e p x
e n s
v i e

114

정답 ▶ p.142

Ⓒ 빈칸에 알맞은 알파벳을 넣어 다음 우리말 뜻에 해당하는 영어 단어를 완성하세요.

1. 꿈

2. 취미

3. 대답

4. 밝은, 빛나는

5. 친절한

6. 똑똑한

7. 일찍 / 이른

8. 더러운

9. 빠른 / 빨리

10. 같은, 동일한

Ⓓ 다음 우리말 뜻에 해당하는 영어 단어를 알파벳 판에서 찾아 동그라미 친 후 써 보세요.

m	i	m	d	s	q	g	w	b	v
y	b	a	a	s	u	l	s	i	i
n	w	m	p	b	e	l	t	r	a
a	j	r	b	e	s	n	o	t	a
m	y	n	y	h	t	r	r	h	o
e	k	p	p	s	i	i	y	d	t
g	b	s	l	w	o	q	c	a	k
u	o	w	a	u	n	q	q	y	z
f	b	v	t	o	p	o	k	g	k
r	s	w	e	l	c	o	m	e	i

1. 질문

2. 이름

3. 반가운, 환영받는

4. 늦은 / 늦게

5. 생일

6. 이야기

115

DAY 51 VERB 1

play
[플레이] 놀다

play play

eat
[이:트] 먹다

eat eat

drink
[드링크] 마시다

drink drink

study
[스터디] 공부하다

study study

● 빈칸을 채워 그림에 해당하는 영어 단어를 완성하세요.

①	②	③	④

__ ri __ __	__ at	w __ __ r	__ ru __ __

DAY 51.mp3

– ● 표시가 있는 단어는 가장 강하게 들리는 곳을 주의해서 들어 보세요.
– 소리 내어 단어를 읽으면서 따라 써 보세요.

공부한 날

월   일

sleep
[슬리:프] 자다

sleep sleep

wear
[웨얼] 입다, (신을) 신다,
(모자를) 쓰다

wear wear

wash
[워쉬] 씻다

wash wash

brush
[브뤄쉬] 닦다, (머리를) 빗다
명사로는 '붓', '빗'이라는 뜻이
있어요.

brush brush

⑤

⑥

⑦

⑧

sl _ _ _ _ _   p _ _ _ y   s _ _ dy   _ _ sh

DAY 52 VERB 2

cry
[크롸이] 울다

cry cry

walk
[워:크] 걷다
l을 소리 내지 않아요.

walk walk

run
[뤈] 뛰다, 달리다

run run

jump
[점프] 점프하다, 뛰어오르다

jump jump

● 빈칸을 채워 그림에 해당하는 영어 단어를 완성하세요.

①	②	③	④

c ___ ___	wa ___ ___	br ___ ___ ___	ca ___ ___ ___

118

– ● 표시가 있는 단어는 가장 강하게 들리는 곳을 주의해서 들어 보세요.
– 소리 내어 단어를 읽으면서 따라 써 보세요.

공부한 날

월   일

catch
[캐취] 잡다

catch catch

throw
[쓰로우] 던지다

throw throw

cut
[컽] 자르다

cut cut

break
[브뤠익] 깨다, 부수다

break break

⑤

⑥

⑦

⑧

r＿n   ＿＿mp   cr＿＿   ＿＿ro＿

do
[두] 하다

do do

get
[겓] 얻다, 받다, 가지다

get get

have
[햅] 가지고 있다

have have

bring
[브링] 가져오다

bring bring

● 주어진 알파벳을 순서대로 써서 우리말 뜻에 해당하는 영어 단어를 완성하세요.

① 하다
o
d

② 가져오다
r i g
b n

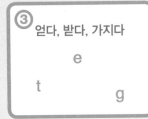
③ 얻다, 받다, 가지다
e
t g

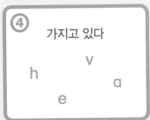
④ 가지고 있다
v
h a
e

DAY 53.mp3

– ● 표시가 있는 단어는 가장 강하게 들리는 곳을 주의해서 들어 보세요.
– 소리 내어 단어를 읽으면서 따라 써 보세요.

공부한 날

☐ 월 ☐ 일

take
[테일] 가지고 가다, 잡다

take take

go
[고우] 가다

go go

come
[컴] 오다

come come

help
[헬프] 돕다, 도와주다

help help

⑤ 돕다, 도와주다
e   p
   l   h

⑥ 가지고 가다, 잡다
     t
  k   e
   a

⑦ 가다
       g
   o

⑧ 오다
        m
     c
  o
     e

DAY 54 VERB 4

open

[오우픈] **열다**

형용사로는 '열린'이라는 뜻이
있어요.

open open

close

[클로우즈] **닫다**

[클로우스]라고 소리 내면
'가까운'이라는 뜻의 형용사가
돼요.

close close

pull

[풀] **당기다, 끌다**

pull pull

push

[푸쉬] **밀다**

push push

● a와 b 중 그림에 해당하는 알맞은 단어를 고르세요.

①
a. close
b. fight

②
a. hear
b. talk

③
a. make
b. close

④
a. hear
b. open

DAY54.mp3

– ● 표시가 있는 단어는 가장 강하게 들리는 곳을 주의해서 들어 보세요.
– 소리 내어 단어를 읽으면서 따라 써 보세요.

공부한 날

월   일

make
[메익] 만들다

make make

fight
[파잍] 싸우다
명사로 '싸움'이라는 뜻도 있어요.

fight fight

talk
[토:크] (다른 사람과)
말하다, 말을 걸다

talk talk

hear
[히얼] (소리를) 듣다, 들리다

hear hear

⑤
a. pull
b. push

⑥
a. pull
b. push

⑦
a. make
b. fight

⑧
a. talk
b. open

DAY 55 VERB 5

cook
[쿡] 요리하다
'요리사'도 cook이에요.

cook cook

give
[깁] 주다

give give

touch
[터취] 만지다

touch touch

change
[체인쥐] 바꾸다, 변하다
명사로는 '변화'라는 뜻이 있어요.

change change

● 그림에 해당하는 단어를 찾아 선으로 알맞게 연결하세요.

 ①    ②    ③   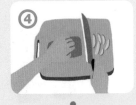 ④

think   win   cook   marry

– ● 표시가 있는 단어는 가장 강하게 들리는 곳을 주의해서 들어 보세요.
– 소리 내어 단어를 읽으면서 따라 써 보세요.

공부한 날

월   일

think
[씽크] 생각하다

think think

win
[윈] 이기다

win win

marry °
[매뤼] 결혼하다

marry marry

exercise °
[엑썰싸이즈] 운동하다
명사로는 '운동', '연습'이라는
뜻이 있어요.

exercise exercise

⑤

⑥

⑦

⑧

give

touch

exercise

change

DAY 56 VERB 6

sit
[씯] 앉다

sit sit

stand
[스탠드] 서다, 서 있다

stand stand

hide
[하이드] 숨기다, 감추다

hide hide

find
[파인드] 찾아내다, 찾다

find find

● 빈칸을 채워 그림에 해당하는 영어 단어를 완성하세요.

① te＿＿＿＿＿

② ＿＿＿＿de

③ b＿y

④ ＿＿ll

DAY 56.mp3

– ● 표시가 있는 단어는 가장 강하게 들리는 곳을 주의해서 들어 보세요.
– 소리 내어 단어를 읽으면서 따라 써 보세요.

공부한 날

월   일

buy
[바이] 사다

buy buy

sell
[쎌] 팔다

sell sell

work
[워:얼크] 일하다
명사로는 '일', '직장'이라는
뜻이 있어요.

work work

teach
[티:춰] 가르치다

teach teach

⑤

___ ___ nd

⑥

s __ t

⑦

___ ___ an ___

⑧

w ___ ___ k

127

DAY 57 VERB 7

ask
[애슥] 묻다, 부탁하다

ask ask

want
[원트] 원하다, 바라다

want want

enjoy °
[인조이] 즐기다

enjoy enjoy

like
[라익] 좋아하다

like like

● 주어진 알파벳을 순서대로 써서 우리말 뜻에 해당하는 영어 단어를 완성하세요.

① 두다, 놓다

p
u
t

② 아주 싫어하다

a   t
h
e

③ 즐기다

o
n
y   e
j

④ 끝내다, 마치다

h
i   i
n
s   f

DAY 57.mp3

– ● 표시가 있는 단어는 가장 강하게 들리는 곳을 주의해서 들어 보세요.
– 소리 내어 단어를 읽으면서 따라 써 보세요.

공부한 날
월   일

hate
[헤잍] 아주 싫어하다

hate hate

pick
[픽] 고르다, 뽑다

pick pick

put
[풑] 두다, 놓다

put put

finish °
[피니쉬] 끝내다, 마치다

finish finish

⑤ 좋아하다
l   e
i   k

⑥ 묻다, 부탁하다
a
s
k

⑦ 원하다, 바라다
a   w
n   t

⑧ 고르다, 뽑다
p   k
i
c

DAY 58 VERB 8

read
[뤼:드] (책을) 읽다

read read

listen*
[리쓴] 듣다, 귀를 기울이다
t는 소리 내지 않아요.

listen listen

write
[롸잍] (글을) 쓰다, 적다

write write

draw
[드로:] (선으로) 그리다

draw draw

● a와 b 중 그림에 해당하는 알맞은 단어를 고르세요.

①
a. sing
b. write

②
a. draw
b. paint

③
a. listen
b. swim

④
a. read
b. dance

paint
[페인트] 색칠하다

명사로는 '페인트', '그림물감'이라는 뜻이 있어요.

paint paint

dance
[댄스] 춤추다

명사로는 '춤', '댄스'라는 뜻이 있어요.

dance dance

swim
[스윔] 수영하다

swim swim

sing
[씽] 노래하다

sing sing

⑤

a. dance
b. write

⑥

a. paint
b. draw

⑦

a. listen
b. swim

⑧

a. sing
b. read

DAY 59 VERB 9

move
[무:브] 움직이다, 이동하다, 옮기다

move move

wait
[웨잍] 기다리다

wait wait

meet
[미:트] 만나다

meet meet

introduce
[인트뤄듀:스] 소개하다

introduce introduce

● 주어진 단어의 영어 철자가 맞으면 상자 안에 O, 틀리면 X를 치고 올바르게 고치세요.

① 알다	② 이해하다	③ 잊다	④ 배우다, 익히다
nkow	understand	froget	realn

DAY 59.mp3

– ● 표시가 있는 단어는 가장 강하게 들리는 곳을 주의해서 들어 보세요.
– 소리 내어 단어를 읽으면서 따라 써 보세요.

공부한 날

 월 일

learn
[러:얼언] 배우다, 익히다

learn learn

know
[노우] 알다

know know

understand°
[언덜스탠드] 이해하다

understand understand

forget°
[펄겥] 잊다

forget forget

⑤ 기다리다	⑥ 움직이다, 이동하다, 옮기다	⑦ 소개하다	⑧ 만나다
weit	move	introduce	meat
☐ _____	☐ _____	☐ _____	☐ _____

133

see
[씨:] 보다, 보이다

see see

look
[룩] 보다, 바라보다

look look

tell
[텔] 말하다, 이야기하다

tell tell

turn
[터:얼언] 돌리다, 뒤집다,
(페이지를) 넘기다

turn turn

● 주어진 단어의 영어 철자가 맞으면 상자 안에 O, 틀리면 X를 치고 올바르게 고치세요.

① 시작하다	② 서두르다	③ 멈추다, 그만두다	④ 해보다, 시도하다, 노력하다
sturt	harry	stap	try

DAY 60.mp3

– ● 표시가 있는 단어는 가장 강하게 들리는 곳을 주의해서 들어 보세요.
– 소리 내어 단어를 읽으면서 따라 써 보세요.

공부한 날

월   일

start
[스타:알트] **시작하다**

start start

stop
[스탑] **멈추다, 그만두다**

stop stop

try
[트롸이] **해보다, 시도하다, 노력하다**

try try

hurry°
[허뤼] **서두르다**

hurry hurry

---

⑤ 보다, 바라보다	⑥ 말하다, 이야기하다	⑦ 돌리다, 뒤집다, 넘기다	⑧ 보다, 보이다
look	tell	tarn	sea
☐ _____	☐ _____	☐ _____	☐ _____

A 그림에 해당하는 알맞은 단어를 고르세요.

1.

paint / play

2.

sing / find

3.

read / hide

4.

break / buy

5.

sell / sleep

6.

study / tell

7.

open / catch

8.

touch / teach

9.

cook / drink

B 주어진 알파벳을 순서대로 써서 그림에 해당하는 영어 단어를 완성하세요.

1.

l
i t s
n e

_____

2.

r w
t
i e

_____

3.

h t
i n k

_____

4.

f
g i
t h

_____

Ⓒ 빈칸에 알맞은 알파벳을 넣어 다음 우리말 뜻에 해당하는 영어 단어를 완성하세요.

1. 원하다, 바라다

2. 알다

3. 울다

4. 서두르다

5. 만들다

6. 만나다

7. 씻다

8. 당기다, 끌다

9. 던지다

10. 기다리다

Ⓓ 다음 우리말 뜻에 해당하는 영어 단어를 알파벳 판에서 찾아 동그라미 친 후 써 보세요.

u	p	f	z	j	h	d	s	x	e
i	n	u	d	s	x	a	q	c	x
j	n	d	s	s	s	w	o	m	w
f	a	t	e	h	t	k	d	z	a
w	m	w	r	r	l	a	d	t	l
z	w	k	t	o	s	q	n	h	k
f	e	t	g	a	d	t	t	d	n
z	a	p	f	d	x	u	a	z	x
e	r	t	j	k	z	o	c	n	r
z	m	f	k	k	h	p	z	e	d

1. 서다, 서 있다

_____

2. 이해하다

_____

3. 밀다

_____

4. 입다, 신다, 쓰다

_____

5. 걷다

_____

6. 소개하다

_____

137

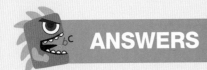 **ANSWERS**

DAY 01

1. lion	2. dog	3. cow
4. cat	5. pig	6. tiger
7. rabbit	8. animal	

DAY 02

1. b	2. a	3. b	4. b
5. a	6. a	7. b	8. b

DAY 03

1. duck	2. ant	3. bird
4. bug	5. bee	6. spider
7. snake	8. frog	

DAY 04

1. season	2. fall	3. summer
4. winter	5. cold	6. spring
7. warm	8. hot	

DAY 05

1. sunny	2. rain	3. cool
4. cloudy	5. windy	6. clear
7. snow	8. weather	

DAY 06

1. cloud	2. nature	3. fire
4. air	5. fog	6. ice
7. wind	8. rainbow	

DAY 07

1. moon	2. sky	3. star
4. sound	5. light	6. sun
7. space	8. Earth	

DAY 08

1. a	2. b	3. b	4. b
5. a	6. a	7. b	8. a

DAY 09

1. grass	2. sand	3. leaf
4. stone	5. tree	6. rock
7. flower	8. plant	

DAY 10

1. brother	2. wife	3. family
4. son	5. sister	6. parents
7. daughter	8. husband	

REVIEW TEST 01

Ⓐ

1. sunny	2. rainbow	3. spring
4. bird	5. flower	6. sea
7. tiger	8. sun	9. rain

Ⓑ

1. tree	2. mountain
3. summer	4. elephant

Ⓒ

1. season	2. winter	3. family
4. space	5. plant	6. rock
7. puppy	8. animal	9. beach
10. parents		

Ⓓ

1. brother	2. nature	3. warm
4. cold	5. daughter	6. light

b	d	k	u	n	h	g	s	i	a
r	p	a	i	n	b	b	q	i	y
o	o	n	u	v	l	d	n	u	c
t	w	c	a	g	d	i	h	l	j
h	a	s	h	t	h	w	g	l	f
e	r	i	c	y	u	t	v	h	g
r	m	r	o	f	u	r	e	k	t
l	u	y	l	g	v	z	e	r	m
k	x	d	d	b	a	g	i	q	z
k	j	u	f	m	i	g	g	b	h

DAY 11

1. grandmother 2. father 3. cousin
4. baby 5. aunt 6. mother
7. uncle 8. grandfather

DAY 12

1. girl 2. man 3. child
4. friend 5. boy 6. woman
7. children 8. people

DAY 13

1. scientist 2. pilot 3. nurse
4. dentist 5. farmer 6. singer
7. police 8. doctor

DAY 14

1. O 2. X history 3. O
4. X science 5. O 6. X school
7. X music 8. O

DAY 15

1. textbook 2. picnic 3. chair
4. teacher 5. student 6. desk
7. notebook 8. test

DAY 16

1. ruler 2. pencil 3. glue
4. paper 5. crayon 6. eraser
7. scissors 8. tape

DAY 17

1. O 2. O 3. X bathroom
4. X garden 5. O 6. X roof
7. X kitchen 8. O

DAY 18

1. b 2. b 3. a 4. b
5. b 6. a 7. a 8. a

DAY 19

1. cup 2. spoon 3. chopsticks
4. dish 5. fork 6. bowl
7. knife 8. glass

DAY 20

1. body 2. neck 3. finger
4. leg 5. foot 6. hand
7. back 8. arm

REVIEW TEST 02

Ⓐ
1. nurse 2. desk 3. glue
4. spoon 5. arm 6. door
7. dish 8. foot 9. eraser

Ⓑ
1. window 2. chair
3. finger 4. computer

Ⓒ
1. cousin 2. school 3. friend
4. doctor 5. body 6. kitchen
7. mother 8. uncle 9. science
10. bedroom

Ⓓ
1. children 2. student 3. father
4. classroom 5. textbook 6. music

c	c	t	l	c	i	c	e	k	p
s	l	h	e	f	p	s	f	i	p
s	m	a	i	x	a	f	p	s	m
l	t	g	s	l	t	t	o	m	d
a	e	u	s	s	d	b	h	c	k
d	m	f	d	c	r	r	o	e	t
k	u	n	m	e	k	o	e	o	r
k	s	r	r	b	n	f	o	n	k
v	i	j	c	z	l	t	e	m	a
y	c	x	y	o	z	m	v	c	b

DAY 21

1. eye   2. mouth   3. tooth
4. ear   5. head   6. nose
7. hair   8. face

DAY 22

1. tall   2. short   3. big
4. fat   5. ugly   6. handsome
7. pretty   8. cute

DAY 23

1. b   2. b   3. b   4. a
5. b   6. b   7. a   8. a

DAY 24

1. blue   2. yellow   3. pink
4. brown   5. white   6. red
7. green   8. black

DAY 25

1. b   2. b   3. b   4. b
5. a   6. a   7. b   8. a

DAY 26

1. water   2. egg   3. meat
4. juice   5. chicken   6. milk
7. fish   8. beef

DAY 27

1. b   2. b   3. a   4. a
5. a   6. b   7. a   8. a

DAY 28

1. salty   2. delicious 3. spicy
4. sweet   5. sugar   6. salt
7. honey   8. sour

DAY 29

1. b   2. b   3. b   4. b
5. b   6. b   7. a   8. a

DAY 30

1. b   2. b   3. b   4. a
5. a   6. b   7. b   8. b

REVIEW TEST 03

Ⓐ

1. fruit   2. pretty   3. bread
4. face   5. violin   6. blue
7. ear   8. shoes   9. head

Ⓑ

1. mouth   2. juice
3. breakfast 4. yellow

Ⓒ

1. water   2. sweet   3. soccer
4. clothes   5. nose   6. salt
7. book   8. tall   9. food
10. rice

Ⓓ

1. vegetable 2. lunch   3. sport
4. toy   5. short   6. green

v	b	u	k	c	k	r	s	u	s
f	e	h	t	w	f	v	p	g	b
z	v	g	n	m	l	v	o	g	w
v	c	h	e	y	p	z	r	j	s
g	w	f	g	t	l	r	t	m	h
f	u	u	j	w	a	l	y	h	o
g	r	e	e	n	t	b	p	w	r
l	u	n	c	h	f	o	l	k	t
h	i	n	o	s	r	t	y	e	e
o	p	l	f	d	e	a	y	a	s

ANSWERS

DAY 31
1. balloon 2. robot 3. candy
4. bat 5. mirror 6. ball
7. ring 8. watch

DAY 32
1. bus 2. train 3. taxi
4. boat 5. subway 6. bicycle
7. airplane 8. car

DAY 33
1. X library 2. O 3. O
4. X museum 5. O 6. O
7. X bank 8. X hospital

DAY 34
1. airport 2. park 3. bridge
4. farm 5. tower 6. castle
7. factory 8. zoo

DAY 35
1. a 2. a 3. a 4. b
5. a 6. b 7. a 8. b

DAY 36
1. south 2. west 3. between
4. over 5. above 6. next to
7. north 8. east

DAY 37
1. day 2. Sunday 3. Thursday
4. Tuesday 5. Friday 6. Wednesday
7. Monday 8. Saturday

DAY 38
1. morning 2. evening 3. hour
4. night 5. o'clock 6. minute
7. afternoon 8. time

DAY 39
1. month 2. tomorrow 3. weekend
4. today 5. week 6. tonight
7. year 8. yesterday

DAY 40
1. b 2. b 3. b 4. a
5. b 6. b 7. a 8. b

REVIEW TEST 04

Ⓐ
1. bicycle 2. robot 3. right
4. boat 5. under 6. on
7. in 8. south 9. airplane

Ⓑ
1. umbrella 2. mirror
3. subway 4. balloon

Ⓒ
1. Monday 2. left 3. library
4. weekend 5. time 6. park
7. Friday 8. behind 9. Tuesday
10. museum

Ⓓ
1. hospital 2. morning 3. afternoon
4. month 5. restaurant 6. zoo

m	a	f	t	e	r	n	o	o	n
o	x	z	n	q	r	m	t	v	w
n	l	o	y	y	t	q	n	w	d
t	h	o	s	p	i	t	a	l	g
h	l	i	m	o	r	n	i	n	g
u	w	q	l	h	q	x	p	j	z
r	e	s	t	a	u	r	a	n	t
q	g	q	s	t	d	p	u	q	z
s	h	e	g	m	d	f	w	g	o
t	w	v	s	z	w	a	q	x	y

141

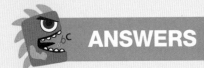

ANSWERS

DAY 41
1. X dream
2. O
3. X goal
4. X job
5. X habit
6. O
7. O
8. X hope

DAY 42
1. question
2. wish
3. answer
4. news
5. address
6. story
7. idea
8. name

DAY 43
1. X place
2. O
3. X world
4. O
5. X country
6. O
7. X shape
8. X color

DAY 44
1. O
2. X top
3. X bottom
4. X problem
5. X word
6. X number
7. O
8. O

DAY 45
1. lazy
2. smart
3. creative
4. honest
5. quiet
6. kind
7. brave
8. nice

DAY 46
1. happy
2. hungry
3. sick
4. busy
5. angry
6. shy
7. sad
8. thirsty

DAY 47
1. young
2. full
3. old
4. new
5. rich
6. empty
7. poor
8. strong

DAY 48
1. cheap
2. expensive
3. small
4. large
5. long
6. easy
7. difficult
8. heavy

DAY 49
1. X dirty
2. X dark
3. O
4. O
5. X bright
6. O
7. X great
8. O

DAY 50
1. fine
2. high
3. hard
4. low
5. late
6. fast
7. early
8. slow

REVIEW TEST 05

Ⓐ
1. full
2. happy
3. large
4. hungry
5. busy
6. strong
7. new
8. cheap
9. long

Ⓑ
1. difficult
2. thirsty
3. heavy
4. expensive

Ⓒ
1. dream
2. hobby
3. answer
4. bright
5. kind
6. smart
7. early
8. dirty
9. fast
10. same

Ⓓ
1. question
2. name
3. welcome
4. late
5. birthday
6. story

m	i	m	d	s	q	g	w	b	v
y	b	a	a	s	u	l	s	i	i
n	w	m	p	b	e	l	t	r	a
a	j	r	b	e	s	n	o	t	a
m	y	n	y	h	t	r	r	h	o
e	k	p	p	s	i	i	y	d	t
g	b	s	l	w	o	q	c	a	k
u	o	w	a	u	n	q	q	y	z
f	b	v	t	o	p	o	k	g	k
r	s	w	e	l	c	o	m	e	i

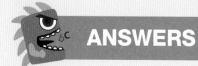
DAY 51

1. drink	2. eat	3. wear
4. brush	5. sleep	6. play
7. study	8. wash	

DAY 52

1. cut	2. walk	3. break
4. catch	5. run	6. jump
7. cry	8. throw	

DAY 53

1. do	2. bring	3. get
4. have	5. help	6. take
7. go	8. come	

DAY 54

1. b	2. a	3. b	4. b
5. a	6. b	7. a	8. a

DAY 55

1. win	2. think	3. marry
4. cook	5. exercise	6. give
7. touch	8. change	

DAY 56

1. teach	2. hide	3. buy
4. sell	5. find	6. sit
7. stand	8. work	

DAY 57

1. put	2. hate	3. enjoy
4. finish	5. like	6. ask
7. want	8. pick	

DAY 58

1. a	2. b	3. b	4. b
5. b	6. b	7. a	8. b

DAY 59

1. X know	2. O	3. X forget
4. X learn	5. X wait	6. O
7. O	8. X meet	

DAY 60

1. X start	2. X hurry	3. X stop
4. O	5. O	6. O
7. X turn	8. X see	

REVIEW TEST 06

Ⓐ

1. play	2. sing	3. read
4. buy	5. sleep	6. study
7. open	8. teach	9. drink

Ⓑ

1. listen	2. write
3. think	4. fight

Ⓒ

1. want	2. know	3. cry
4. hurry	5. make	6. meet
7. wash	8. pull	9. throw
10. wait		

Ⓓ

1. stand	2. understand	3. push
4. wear	5. walk	6. introduce

u	p	f	z	j	h	d	s	x	e
i	n	u	d	s	x	a	q	c	x
j	n	d	s	s	s	w	o	m	w
f	a	t	e	h	t	k	d	z	a
w	m	w	r	r	l	a	d	t	l
z	w	k	t	o	s	q	n	h	k
f	e	t	g	a	d	t	t	d	n
z	a	p	f	d	x	u	a	z	x
e	r	t	j	k	z	o	c	n	r
z	m	f	k	k	h	p	z	e	d

지은이 다락원 어린이 콘텐츠팀

다락원 어린이 콘텐츠팀은 이화여자대학교와 서강대학교 등 여러 대학에서 영어를 전공하고, 다양한
영어 학습 콘텐츠 및 교재를 기획, 개발, 편집하는 영어교육 전문가들이 모인 팀입니다. 아이들을 사랑
하는 마음을 바탕으로 아이들이 어떻게 하면 효과적이고 즐겁게 영어를 공부할 수 있을까를 고민하면
서 아이들에게 도움이 될 영어 콘텐츠와 교재를 열심히 기획, 개발하고 있습니다.

 따라쓰는 우선순위 초등 영단어

지은이 다락원 어린이 콘텐츠팀
펴낸이 정규도
펴낸곳 (주)다락원

초판 1쇄 발행 2021년 8월 13일

총괄책임 허윤영
기획/편집 허윤영
교정/교열 권민정, 김은혜
표지 디자인 김나경
내지 디자인/전산편집 조수영
캐릭터 디자인/삽화 김건 외 5인

다락원 경기도 파주시 문발로 211
내용문의: (02)736-2031 내선 520
구입문의: (02)736-2031 내선 250~252 / 팩스 02-732-2037
출판등록 1977년 9월 16일 제406-2008-000007호

Copyright © 2021, 다락원

http://www.darakwon.co.kr

값 11,500원

ISBN 978-89-277-0141-5   63740